El vóleibol

POR M. K. OSBORNE

AMICUS

Amicus High Interest es una publicación de Amicus
P.O. Box 227, Mankato, MN 56002
www.amicuspublishing.us

Información del catálogo de publicaciones de la biblioteca del congreso
Names: Osborne, M. K., author.
Title: El vóleibol / M.K. Osborne.
Other titles: Volleyball. Spanish
Description: Mankato, Minnesota : Amicus, 2020. | Series: Deportes olímpicos de verano | Includes bibliographical references and index. | Audience: K to grade 3.
Identifiers: LCCN 2019006537 (print) | LCCN 2019008109 (ebook) | ISBN 9781681519265 (pdf) | ISBN 9781681519005 (library binding)
Subjects: LCSH: Volleyball--Juvenile literature. | Olympics--Juvenile literature.
Classification: LCC GV1015.34 (ebook) | LCC GV1015.34 .O6417 2020 (print) | DDC 796.325--dc23
LC record available at https://lccn.loc.gov/2019006537

Editora: Wendy Dieker
Diseñador: Aubrey Harper
Investigación fotográfica: Shane Freed

Créditos de Imágenes: Jeff Roberson/AP cover; Fotoarena/Alamy 4, 16–17, 20; Hulton Archive/Stringer/Getty 7; Gan-Shmuel archive via the PikiWiki – Israel free image collection project/WikiMedia Commons 8; Pedro Ugarte/Getty 11; Anonymous/AP 12; Marcio Jose Sanchez/AP 15; Leon Neal/Getty 19; Bob Galbraith/AP 23, 31; PCN Black/Alamy 24; Marcelo Del Pozo/Newscom 26; Johannes Eisele/Getty 28–29

Tabla de Contenido

Rio2016
KOR
11

Vamos por el oro

Es **punto por el partido**. La colocadora pone el balón a la rematadora. ¡Remate! La rematadora golpea el balón que toca el suelo al otro lado de la red. ¡Es un punto! ¡La multitud enloquece! Es el vóleibol olímpico. Cada cuatro años, los mejores jugadores de vóleibol del mundo se encuentran sobre la cancha. Todos quieren la medalla de oro. ¿Quién ganará?

El vóleibol olímpico presenta increíbles atletas y juegos de mucha acción.

Un nuevo juego divertido

El vóleibol es un deporte antiguo. Lo inventó William G. Morgan, en 1895. Quería un deporte para su clase de gimnasia que fuera fácil y divertido. Así que puso una red de tenis elevada. Y dividió al grupo en dos equipos. Los jugadores debía usar los dedos para **volear** un balón pasándolo sobre la red. ¡El juego fue todo un éxito!

El vóleibol lo juegan personas de todas las edades. Niños jugando vóleibol en una cancha al aire libre.

Los equipos masculinos de Israel y la Unión Soviética juegan en el campeonato mundial de 1952.

¿Qué significa FIVB?

Pronto, el nuevo deporte se extendió a Europa. En 1947, se creó la **FIVB**, agrupación que hizo las reglas para el vóleibol internacional. Dos años después, la FIVB organizó los primeros campeonatos mundiales de vóleibol. Equipos de toda Europa participaron en ellos. El vóleibol pronto sería un deporte olímpico.

R Son las iniciales del nombre en francés Fédération Internationale de Volleyball. En español, es la Federación Internacional de Vóleibol.

El vóleibol tiene reglas muy sencillas. Un equipo **sirve** el balón sobre la red. El otro equipo tiene tres golpes para devolver el balón. Si el balón toca el suelo en su propio lado, el equipo contrincante se anota un punto.

Los jugadores usan los dos primeros golpes para preparar poderosos remates. ¡Los remates pueden llegar a las 80 millas por hora (129 km/h)!

¿Cómo se compite en vóleibol?

Un jugador sirve el balón para iniciar el punto.

R Los encuentros se llaman partidos. Los partidos tienen tres o cinco sets. El equipo que gana la mayoría de los sets gana el partido.

En los Juegos Olímpicos de 1964, el equipo femenino de EE. UU. juega contra el equipo local en Japón.

Vóleibol olímpico bajo techo

Los primeros juegos olímpicos de vóleibol bajo techo se celebraron en 1964, en ellos compitieron diez equipos masculinos y seis equipos femeninos. El equipo femenino japonés emocionó mucho a sus seguidores. Las japonesas ganaron todos sus cinco partidos y obtuvieron la medalla de oro. El equipo masculino de la Unión Soviética ganó ocho de sus nueve partidos. Con ello se llevaron la medalla de oro.

Hoy en día, los Juegos Olímpicos presentan 12 equipos masculinos y 12 femeninos de vóleibol bajo techo. Los equipos de cada país compiten en torneos previos a los juegos de verano. Los mejores equipos llegan a la competencia final de los Juegos Olímpicos.

Los equipos son divididos en dos grupos. Los cuatro mejores equipos de cada grupo pasan a la semifinal por las medallas. El equipo que gana todos sus partidos se lleva la medalla de oro.

Un balón oficial de vóleibol olímpico bajo techo tiene cerca de 25 pulgadas (63.5 cm) de circunferencia.

Rio2016

En los Juegos Olímpicos, los equipos deben ganar tres sets para ganar el partido. Si un equipo gana tres sets consecutivos, el partido termina. El vóleibol olímpico es a menudo un juego de ida y vuelta. Un equipo puede ir perdiendo los dos primeros sets, pero puede ganar los dos siguientes y así empatar. Los espectadores aplauden a los equipos en el quinto set. ¿Quién ganará?

Dos jugadoras de Brasil saltan para bloquear un remate de Japón en el encuentro olímpico de 2016.

Vóleibol de playa

Se puede pensar que la playa es solo para relajarse. Pero también allí podemos encontrar mucha acción de vóleibol. Los juegos informales de vóleibol de playa se han convertido en una seria competencia. Los aspectos básicos del vóleibol de playa son los mismos que los del vóleibol bajo techo. Pero solo tienen dos jugadores en cada un equipo. Es un juego de rapidez y de trabajo en equipo.

La arena vuela mientras Bárbara Seixas de Freitas de Brasil se lanza para salvar el balón en un partido olímpico de 2016.

Los aficionados llenan la arena de vóleibol de playa en Río de Janeiro durante los Juegos Olímpicos de 2016.

P ¿Qué es un **deporte de demostración**?

El vóleibol de playa fue un deporte de demostración en los Juegos Olímpicos de 1992. A los espectadores les gustó este deporte tan rápido. Los jugadores vuelan sobre la cancha. Se tiran clavados para hacer **salvadas**. Giran en el aire para preparar un remate. Vuelan en lo alto para hacer un gran remate. En el vóleibol de playa, los jugadores no pueden ubicarse en una sola zona de la cancha. Deben ser capaces de hacer de todo muy bien.

R Es un evento olímpico para mostrar al público cómo es un deporte. Si a los espectadores les gusta el deporte, puede convertirse en un deporte olímpico oficial.

El vóleibol de playa se convirtió en deporte olímpico en 1996. Veinticuatro equipos masculinos y 18 equipos femeninos compitieron sobre la arena. Las estrellas estadounidenses de vóleibol bajo techo Charles “Karch” Kiraly y Kent Steffes ganaron el oro masculino.

Hoy en día, los juegos reciben a 24 equipos de hombres y mujeres. Los equipos **calificant** si ganan en los torneos previos a la fase de los Juegos Olímpicos.

P ¿Qué países tienen los mejores equipos de vóleibol de playa?

Dos equipos masculinos de EE. UU. jugaron la primera final olímpica para la medalla de oro en 1996.

Brasil y los Estados Unidos, ambos han ganado medallas en todos los juegos de verano.

USA
ALISON
BRASIL
OMEGA
18

Al igual que el deporte bajo techo, los equipos son divididos en grupos. Se enfrentan en diversos partidos para calificar en la fase final por las medallas. El equipo que gana dos de tres sets gana el partido.

Dos países han dominado el podio de medallas. Brasil ha ganado la mayor cantidad de medallas en general, pero los estadounidenses han ganado la mayor parte del oro.

Jugadores de EE. UU. y Brasil se enfrentan en la red en el partido de cuartos de final de 2016.

Misty May-Treanor (izquierda) y Kerri Walsh Jennings celebran un punto ganado en los Juegos Olímpicos de 2012.

P ¿May-Treanor y Jennings siguen jugando juntas?

La playa es donde se hacen las estrellas del vóleibol. El equipo estadounidense de Misty May-Treanor y Kerri Walsh Jennings ha sido considerado uno de los mejores de la historia. Este dúo de mujeres ganó las medallas de oro en 2004, 2008 y 2012. Solo perdieron un set en los Juegos Olímpicos, pero ganaron todos los 21 partidos en que participaron.

R No. May-Treanor se retiró después de los Juegos Olímpicos de 2012. Jennings encontró una nueva compañera de equipo, con la que ganó una medalla de bronce en 2016.

Gloria olímpica

Los espectadores de veras disfrutan del vóleibol en acción en los Juegos Olímpicos. Ya sea bajo techo o en la playa, es un deporte muy emocionante. Así que relájate y ve como compiten los equipos nacionales. Aplaude sus mejores bloqueos, sets y remates en su camino a la gloria olímpica.

El equipo femenino bajo techo de EE. UU. celebra su medalla de bronce en 2016.

USA
USA
USA

Glosario

clasificar Ganarse un lugar en una competencia deportiva.

deporte de demostración Deporte invitado para mostrarlo al público; los participantes no ganan medallas en esta competencia.

FIVB En francés, son las iniciales de la Fédération Internationale de Volleyball, lo que significa Federación Internacional de Vóleibol. Este grupo establece las reglas para los partidos internacionales de vóleibol.

punto por el partido Punto en un juego de vóleibol que hace ganar el partido a un equipo.

salvada Una jugada en la que el jugador evita que un remate pegue en el suelo.

servir Iniciar un punto en vóleibol golpeando el balón para que pase sobre la red desde la parte más lejana de la cancha.

volear Golpear con los dedos una pelota para que vaya de un lado a otro.

STEFFES
FIVB
1
SA
FIVB
1
FIVB
1

Índice

Acerca del autor

M. K. Osborne es un escritor y editor para niños que se emociona con los Juegos Olímpicos, tanto con los de verano como los de invierno, cada dos años. Osborne estudia las estadísticas, las cifras y los recuentos de medallas para llevar las mejores historias sobre los Juegos Olímpicos a los lectores jóvenes.